El Padrenuestro

Carlos Peirone

Ediciones Crecimiento Cristiano

© 2007 **Ediciones Crecimiento Cristiano**
Título: El Padrenuestro
Autor: Carlos Peirone
Primera Edición: Agosto 2007
ISBN: 978-987-1219-17-9
Clasificación: Oración / Padrenuestro / Título.
Diseño de la tapa: Ruth Santacruz

Queda hecho el depósito que marca la ley 11.723.
Está prohibida la reproducción total o parcial de este manual sin previa autorización escrita de los editores.

Impreso en los talleres de
Ediciones Crecimiento Cristiano,
Córdoba 419
5903 Villa Nueva, Cba.
Argentina
oficina@edicionescc.com

IMPRESO EN ARGENTINA

Introducción

Algo que casi todos los que vivimos en la América latina tenemos en común es un recuerdo - aún ínfimo - del Padrenuestro. Muchos lo hemos aprendido de memoria, *lo hemos recitado multitudes de veces, pero lo hemos comprendido poco.* Si luego del estudio y la reflexión logramos pronunciar esta oración comprendiendo lo que estamos diciendo, habrá cambios en nuestra vida y en nuestra sociedad también, porque la oración eficáz del justo tiene mucho poder (Santiago 5.16). Que así sea.

Indice
1 - Para entender el Padre nuestro
2 - Santificado sea tu nombre.
3 - Venga a nosotros tu reino.
4 - Hágase tu voluntad.
5 - El pan nuestro de cada día dánoslo hoy (1)
6 - El pan nuestro de cada día dánoslo hoy (2)
7 - Vivir más sencillamente, más simplemente.
8 - Perdónanos nuestras deudas.
9 - Y no nos dejes caer en la tentación mas líbranos del mal.
Cómo utilizar este cuaderno

Nota
1 - Este estudio se basa en la versión Reina Valera de la Biblia. Algunas preguntas, especialmente, necesitan esa versión. Aunque una versión como la Nueva Versión Internacional también sirve.
2 - Al final de cada estudio le ofrecemos un oración que puede servirle de inspiración y dejaremos el espacio para que usted pueda escribir su propia oración. Allí podrá volcar lo aprendido en este estudio y luego compartirlo en su grupo. Al terminar este cuaderno usted habrá producido nueve oraciones propias y un camino para seguir desarrollando.

1 Para entender el Padre Nuestro

Para Leonardo Boff (1), autor que estaremos siguiendo y citando varias veces en este estudio, el Padre Nuestro tiene que ver con todas las grandes cuestiones de la existencia personal y social de todos los hombres en todos los tiempos. En un sentido, es el compendio de todo el evangelio.

Jesús formula esta oración a pedido de sus discípulos. Ellos vieron a Jesús orando y querían aprender de él cómo orar (Lucas 11). Jesús les había enseñado algo del peligro de una oración vacía y ellos preguntaron acerca de la manera correcta de hacerlo (Mateo 6).

Les da un modelo, sencillo, pero que enciera verdades profundas acerca de Dios y nuestra relación con él.

1 - ¿Cuántos en el grupo saben esta oración de memoria? ¿Se animarían a decirla como para irla refrescando?

2 - ¿Cómo la aprendieron? Tengamos un momento para hacer memoria. Recordar de dónde venimos y quién nos instruyó en la fe cristiana.

3 - *¿Qué recuerdos nos trae esta oración? ¿Con qué sentimientos la asociamos? Compartamos.*

A continución transcribimos la oración que vamos a estudiar en dos versiones, según Lucas 11.2-4 y Mateo 6.9-13.

Lucas 11.2-4

"Padre,
santificado sea tu nombre.
Venga tu reino.
Danos cada día nuestro pan cotidiano.
Perdónanos nuestros pecados,
porque también nosotros perdonamos
a todos los que nos ofenden.
Y no nos metas en tentación."

Mateo 6.9-13

"Padre nuestro que estás en el cielo,
santificado sea tu nombre, venga tu reino,
hágase tu voluntad en la tierra como en el cielo.
Danos hoy nuestro pan cotidiano.
Perdónanos nuestras deudas,
como también nosotros hemos perdonado
a nuestros deudores.
Y no nos dejes caer en tentación sino
líbrarnos del maligno

4 - ¿Qué semejanzas y diferencias vemos entre estas dos versiones?

Padre nuestro...

5 - Los judíos aceptaban a Dios como su padre. Esto lo vemos en los siguientes textos, que le invito a consultar y extraer lo más significativo de cada uno:

Deuteronomio 14.1:

Jeremías 31.9:

Deuteronomio 32.6:

Isaías 64.8:

Tenían los judíos una gran herencia de riquezas con respecto a la paternidad de Dios. Lo veían como alguien **cercano, misericordioso** y a quien le debían **obediencia**. Leemos esto en el salmo 68.5: "... el

Señor es padre de los huérfanos".

Pero Jesús le da un significado nuevo al llamar a Dios, "Padre nuestro". Nos hace conocer a su padre más profundamente y de una manera distinta a como era conocido en el Antiguo Testamento.

Veamos por ejemplo:

- ✓ Jeremías 18.6: Que compara al hombre con la arcilla, con una cosa que Dios manipula a su antojo para darle la forma que desea.
- ✓ El salmo 24, que establece condiciones para acercarse a Dios, condiciones que pocos pueden tener: manos inocentes y corazón puro.

Por su parte, Jesús viene a llamar y buscar a los pecadores, no a los justos. (Ver Mateo 9.13). Nos presenta a un padre más cercano, a nuestro padre querido.

6 - Veamos Gálatas 4.6 y 7 ¿Qué nos dice?

7 - ¿Qué agrega Romanos 8.14-17 sobre este tema?

"Abba"es una palabra aramea equivalente a "papito". Es el nombre que habla de la confianza y la seguridad con que un niño se dirige a su padre, a quien conoce, quiere y confía.

Dios se encuentra en medio de los suyos, con misericordia, verdad y ternura. Es "nuestro", es padre de todos los que le acepten, podemos ser sus hijos si así lo deseamos.

Es nuestro padre a pesar de los problemas, a pesar de que algunos dicen que estamos en camino a una sociedad sin padre. "La relación que establecemos con Dios padre no nace de una dependencia infantil y neurótica, sino de una autonomía y de una decisión libre" (2).

8 - ¿Lo sentimos a Dios como papá? ¿Le hablamos en esos términos? Debatamos.

Nuestra relación con Dios

Dios nos ama como un padre, y vemos un buen ejemplo de esto en la parábola de Lucas 15.11-32.

Dios nos ama con un amor que no merecemos, que no nos suelta. Ama al hijo bueno y también al malo, que elige seguir su propio camino.

9 - ¿Qué aprendemos de Mateo 6.4, 6 y 18?

El amor de Dios es práctico: Nos provee de alimentos, ropa, lo necesario para cada día (Mateo 6:25-32 y Lucas 12.30). Por lo que también podemos nosotros pedirle cosas prácticas, que necesitamos, deseamos.

El amor de Dios abarca toda la creación: a los pájaros y a las flores. Y a nosotros nos conoce por nuestro nombre. Para Dios nada se pierde en la multitud, en la masa. Cada uno de nosotros cuenta. Le interesamos. Ese es nuestro padre.

El Padre Nuestro nos relaciona con nuestros semejantes. No es un padre exclusivo, sino nuestro, quiere ser padre de todos. Así, mi semejante pasa a ser mi hermano si acepta a Dios como papá. Un igual mío al que debo amar como Dios ama.

...que estás en el cielo

Dios es padre de todos y está sobre todos. Es Otro padre, no un padre terreno. Habita en el cielo, es trascendente, infinito. Es a la vez cercano y distante. Del cielo y no de la tierra. Los cielos son su trono, desde allí no ve y nos ayuda (Santiago 1.17).

10 - Sin embargo, ¿qué nos aclara Isaías 57.15?

11 - En la página siguiente hay una oración para inspirarnos.

12 - Ahora, a trabajar. Escribamos una oración a nuestra manera, que luego podremos leer en el grupo.

Conclusión

Dios es nuestro padre y siempre está con nosotros. Nadie nos podrá arrebatar de su mano. Él no nos deja solos. Nuestra barca tiene timón y nuestro océano una costa... no andamos a la deriva.

El Padre Nuestro de un minero

Padre nuestro que estás en los cielos
y acompañas al minero al fondo de la montaña,
ves como la roca araña, y el pobre rostro, en sudor se baña.

Venga a nosotros tu reino,
Reino de salud eterna, santa y sin tuberculosis,
Reino en el que no tendremos enfermos de silicosis.

Santificado sea tu nombre
por los empleados y obreros de overol y guardatojo,
por sus esposas y hermanos, así como por los hijos.

Hágase tu voluntad
para que el hombre de roca, que se alimenta de coca,
sudor, polvo y esperanza, tenga pan para su boca.

Así en la tierra como en el cielo
para que el niño minero, inocente, dulce y puro
en el presente, le den todo,
para poder ser la esperanza del futuro.

Dános hoy nuestro pan de cada día,
porque a los pobres, tu amor, agua y pan, nos alimenta,
y es caro nuestro alimento, pues por el diario sustento
los pulmones nos revientan.

Perdónanos nuestras ofensas
si te ofende que el minero luche por mayor justicia
y porque su esposa y sus hijos no queden en la indigencia

Como nosotros perdonamos a los que nos ofenden
ni busquemos, ni sirvamos la voluntad de los hombres.
Haz que tengamos tu amor, que es poder de los pobres.

Líbranos del mal,
del mal de mina y también del mal espiritual
y al fin lleguemos, Señor, a tu gloria sin igual. Amén.

Gualberto Vega Yapura, dirigente minero de Catavi, fue encarcelado en Chonchocoro en 1976, durante el dictadura del Gral. Hugo Banzer. En 1980, durante el golpe de García Meza fue asesinado por los grupos de paramilitares.

2
Santificado sea tu nombre

En los tiempos bíblicos, el "nombre" representaba a la persona misma. Todos los rodillos de los seres creados van a doblar ante el nombre "Jesús", porque ese nombre refleja la misma persona del Señor (Filipenses 2.9-11).

En reralidad, nuestro Dios tiene muchos nombres, tantos que se han publicado libros enteros dedicados a ellos. El hombre que más conocemos es el de "Jehová", que es una representación en castellano de las cuatro letras hebreas YHWH.

1 - Encontramos el significado de YHWH en Éxodo 3.13, 14. ¿Qué significa?

¿Qué nos dice este nombre acerca de Dios mismo?

El nombre "El" en hebreo es el nombre del Ser Supremo, y se encuentra en varias combinaciones en el Antiguo Testamento, como por ejemplo "El-Shaddai".

2 - Encontramos "El-Shaddai" (traducido al castellano) en Éxodo 6.3. ¿Qué significa?

También vemos el nombre "Jehová" utilizado en varias combinaciones que nos describen la naturaleza de nuestro Dios.
3 - Aquí anotamos varios ejemplos. ¿Cómo es Dios según"
Jeremías 23.6

Génesis 22.14

Éxodo 15.26

Jueces 6.24

Así cuando clamamos "santificado sea tu nombre", expresamos nuestro deseo de que Dios mismo sea "santificado" entre nosotros. Dios es santo, que es lo mismo que decir que es justo, perfecto, bueno y puro. Que está del otro lado, separado.

Lo santo, afirma Boff, asusta, aterra y atrae. Es lo diferente a todo lo demás, es de otra calidad, de otra existencia; es puro, sin doblez ni ambigüedad. "Santificado sea tu nombre" quiere decir que Dios sea respetado, venerado y honrado como quien es: el santo, el misterio impenetrable, fascinador y tremendo al mismo tiempo, pues también es quien nos acompaña y asiste; es bondadoso, cercano y distante. Absolutamente inmanejable por los intereses humanos. Es el Otro.

Es nuestra raíz, nuestro origen y nuestro futuro. Santificar es reverenciar, es dar la gloria y el honor que le pertenece.

4 - Pero si Dios es santo, ¿por qué es necesario "santificarle"?

5 - ¿Lo hacemos, es decir, santificamos el nombre de Dios en nuestras vidas?

6 - Con este clamor, ¿estamos pidiendo algo para la iglesia, para el mundo, o qué?

Con esta oración estamos pidiendo algo a Dios, algo que deseamos que cumpla. Pero seguramente nosotros tenemos nuestra parte... hemos de ser parte de la respuesta.

7 - ¿De que manera nosotros debemos ser una respuesta a esta oración?

8 - Y la sociedad en general, ¿santifica el nombre de Dios? Discutamos sus pareceres. Fundamentemos.

9 - De nuevo, ofrecemos una oración de inspiración.

"¡Padre, ha sonado el desperador! Debo levantarme para iniciar una nueva jornada. No sé qué me depara el día que tengo por delante, pero sé que Jesús camina conmigo y su presencia me da seguridad. Reconozco que a veces, por las preocupaciones del momento, dejo de tenerte en cuenta, y no quiero correr riesgos al tomar decisiones equivocadas. Al comenzar este día me entrego a tu cuidado, haz que el Espíritu Santo me mantenga alerta y que te reconozca a mi lado en el camino. Te doy gracias por Jesús que prometió estar con nosotros siempre, y que nos enseñó a llamarte 'Padre nuestro que estás en los cielos'. ¡Amén!

(Miguel Ángel Zandrino, en "Compromiso Cristiano" número 27, 1984, página 31.)

10 - Ahora nos toca el turno a nosotros para escribir nuestra propia oración y compartirla luego con el grupo.

3 Venga a nosotros tu reino

El reino se nos presenta como la realización de todos nuestros sueños, de todas nuestras utopías. Se consumará el día en que Dios intervendrá y recreará toda la creación. En algún momento Dios mostrará su reinado. Este sueño alimenta nuestra esperanza.

Decir ¡venga tu reino! es decir ¡venga la plenitud de los tiempos!

1 - ¿Qué aprendemos acerca del reino en Gálatas 4.4-6?

Jesucristo es quien declara el reino en Marcos 1.15: "Se ha cumplido el plazo, ya llega el reinado de Dios. Enmendáos y creed la buena noticia". Las señales de la llegada de este reinado son: "... Los ciegos ven, los cojos andan, los leprosos quedan limpios, los sordos oyen, los muertos resucitan y a los pobres se les anuncia la buena noticia" (Lucas 7.22). Estas señales fueron predichas por el profeta Isaías (61.1-2) y Jesús cumple este pasaje de la Escritura (Lucas 4.21).

Dice Boff que "Reino no designa un territorio sino el poderío y la autoridad divina que se hacen valer ahora en este mundo, transformando lo viejo en nuevo, lo injusto en justo y lo enfermo en sano" (3). El reino es algo conocido desde siempre y a la vez algo escondido y apetecible.

2 - Observemos con que se lo compara al reino en las Escrituras:
Mateo 13.31

Mateo 13.33

Mateo 13.44

Mateo 13.45

Lucas 22.30

3 - ¿A quienes se invita a entrar al reino según Lucas 14.21 y Mateo 22.9, 10?

4 - ¿Qué nos enseña Jesús a nosotros hoy con esta convocatoria ?

5 - Según esta parábola (Mateo 22.1-14), ¿cuál es nuestra tarea en el Reino?

Frente a un mundo que discrimina, Jesús convoca a todos. Aprender a abrirnos y convocar a todos debe ser nuestra visión hoy. El reino incluye, está abierto, hay lugar y una mesa servida para quien quiera entrar. Nos equivocamos al creernos los porteros, los que estamos en la admisión para decir quién sí y quién no entra. En todo caso somos los que salimos a los caminos a invitar a la boda y nada más. La boda no es nuestra. Somos más bien mensajeros.

Al reino hay que entenderlo como un proceso: ya irrumpió con Jesús, quien encarna al reino, y al mismo tiempo esta abierto a un mañana que será cuando llegue en plenitud. Hay que estar preparados, pues no se entra en él mecánicamente; exige un cambio de vida, un aceptar y hacer la voluntad de Dios. Hay que construir otra vida, opuesta al estilo de vida que llevábamos sin Dios. Y el conflicto es inevitable, la crisis debe vivirse pues requiere tomar una decisión. Así, el reino puede también comenzar conmigo, al aceptar y hacer la voluntad de Dios. Orar que "venga tu reino" equivale a decir "ayúdame a hacer tu voluntad", que es buena, agradable y perfecta.

6 - ¿Ora de esta manera, pidiendo aceptar y hacer la voluntad de Dios?

7 - Haga un ejercicio. Controle sus oraciones. ¿Cuánto es lo que pide, cuánto agradece, cuánto intercede por otros, cuánto de ocupa de usted y cuanto de los demás? Podremos encontrar sorpresas y mejorarlas, haciendo oraciones más equilibradas.

¡Venga a nosotros tu reino! es pedir que se concrete lo empezado. Que llegue lo que está en marcha. Es un regalo pero también una tarea a realizar, una esperanza a ser consumada.

Finalmente Boff afirma: "Creer en el reino de Dios es creer en un sentido terminal y feliz de la historia; afirmar que la utopía es más real que el lastre de los hechos. Es reactivar la esperanza, sin renunciar jamás" (4).

Reino y vida tienen también una misma raíz. Sólo encontramos la vida cuando obedecemos a Dios. "Solo hay vida en el reino porque la vida solo cumple con su propósito cuando se vive en obediencia a la voluntad de Dios" (5).

8 - En la siguiente página ofrecemos otra oración para inspirarnos.

9 - Llegó el momento de trabajar con nuestra propia oración. Luego, a compartirla con el grupo.

¡Fréname Señor!

Tranquiliza los latidos de mi corazón
haciendo calmar mi mente.
Haz que disminuya mi tren de vida,
por medio de la imagen de la eternidad del tiempo.
Concédeme la calma de los montes,
en medio de la confusión de los días.
Rompe la tensión de mis nervios y músculos,
con la dulzura de la música de los arroyos
que viven en mi memoria y que me ayuda
a conocer la magia del sueño tranquilo.
Enséñame el arte de gozar vacaciones por minutos.
Deteniéndome a contemplar una flor, hablar con un amigo,
leer una pocas líneas de un buen libro.
Hazme recordar la fábula de la liebre y la tortuga,
para acordarme que las carreras no las ganan siempre
lo más veloces y que hay algo más en la vida que
aumentar la velocidad.
Que me dejes contemplar el añoso árbol que se hizo fuerte,
creciendo despacio y bien.
Apacíguame, Señor, y ayúdame a hundir mis raíces
en los duraderos valores del suelo de la vida,
para que pueda crecer hacia las estrellas
y hacia un destino más grande…

Cardenal Ricardo Cushing.

4
Hágase tu voluntad

"Debemos orar como si todo dependiera de Dios, pero debemos actuar como si todo dependiera de nosotros." Ignacio de Loyola (9)

Que venga el reino, pero también hágase tu voluntad.

1 -**"Hagase tu voluntad" es un pedido a Dios. Pero, ¿cuál es la voluntad de Dios? Tratemos nosotros mismos de responder a esta pregunta antes de seguir leyendo:**

Ahora sí, sigamos leyendo. Este mundo no cumple la voluntad de Dios, más bien se rebela contra ella. Vemos poca justicia, ricos que oprimen a los pobres, mucho sufrimiento, muchas lágrimas. Más bien el hombre hace lo que le da la gana sin preguntarse si está o no de acuerdo con las ganas de Dios. ¡Que se haga su voluntad! es pedir que todo se realice pronto, que Dios no tarde en hacer lo que se propone. Implica la capacidad de salirse de uno mismo y creer en la fuerza del amor de Dios a pesar de la malicia humana.

La voluntad de Dios es instaurar su reino y ser Señor de su creación. Y que nosotros vivamos consagrados a él llevando una vida santa (1 Tesalonicenses 4.3).

Dice Boff, que ¡hágase tu voluntad! significa "que nosotros cumplamos su voluntad; que seamos fieles al ofrecimiento y al don de su reinado, intentando vivir conformes a la novedad del mensaje, de las actitudes y de la vida de Jesucristo".

Rezar esto implica paciencia. Un abandonarse al designio misterioso de Dios, quien conoce el principio y el fin de la historia, como se abandona un niño en los brazos de su madre.

Oramos así para que la vida en la tierra se haga más parecida a la vida en el cielo. Jesús nos enseña a pedir lo que él mismo pedía y hacía: la voluntad del padre.

2 - ¿Qué aprendemos de su voluntad en los siguientes pasajes?
Juan 4.31-34

Juan 5.30

Juan 6.38

Mateo 26.42.

3 - ¿Cómo expresó el pueblo judío esa busqueda de la voluntad de Dios en los siguientes ejemplos?
Salmo 119.27

Salmo 119.30

Salmo 119.32

Salmo 119.33

Amaba y se deleitaba en la obediencia a la ley. En ella encontraba libertad y vida.

4 - ¿Por qué nos cuesta tanto decir: "Hágase tu voluntad"? Debatan.

Si aceptamos que Dios es sabio y nos ama, lo diríamos con menos miedo. Muchas de las desgracias que ocurren en el mundo no son la voluntad de Dios, sino el resultado del pecado del hombre. No obstante, Dios puede hacer que obren para bien aún las cosas que no ocurrieron según su voluntad y puede transformar lo malo en bueno. Cambiar nuestros lamentos en baile.

Orar así no es buscar escapatorias, sino fortaleza para las situaciones, más allá de cual sea el resultado.

...así en la tierra como en el cielo

Rezar "así en la tierra como en el cielo" es expresar la totalidad de la creación de Dios. Es pedir que ocurra en la tierra lo que ya sucede en el cielo.

5 - *Supongamos que Dios decida responder a esta petición, ahora. ¿Qué cambios produciría en nuestra iglesia?*

6 - *¿Qué cambios trendremos que producir en nuestra vida personal?*

Una oración de inspiración.

¡Hágase tu voluntad!

Deseo que gane el bien, por una vez, y no el mal, Señor. Te pido que se haga lo bueno, que se haga justicia, que por esta vez no triunfen los malvados.

Te ruego que los valores del reino valgan en la tierra y se materialicen. Porque cuando se hace tu voluntad, Señor, todo es más fácil, todo es más bueno. Pero cuando se desobedece, nos complicamos la vida y acarreamos las consecuencias.

Hacer tu voluntad nos trae descanso, poder dormir tranquilos, vivir en paz con nosotros, con los otros y con vos, nuestro Padre. Amén.

7 - De nuevo, escribammos nuestra propia oración que tenga relación con lo estudiado.

Conclusión

Esta petición equivale a desear que se haga la voluntad de Dios en todos los lugares y siempre. En toda la creación entera. No sólo en el cielo donde ya se cumple sino también en la tierra, donde hay hostilidades. Cuando se cumpla en la tierra, todo será "cielo". Habrá llegado la reconciliación plena y Dios lo será todo para todos (1 Corintios 15.28). Mientras tanto seguimos suplicando.

5. El pan nuestro de cada día dánoslo hoy (1)

En esta segunda parte del Padre Nuestro pensaremos en una relación horizontal, es decir, con los otros hombres. En la primer parte, nos dirigimos al cielo, en una relación vertical. Ahora volvemos a la tierra y al hombre con sus necesidades: de pan, de perdón, de fuerzas para resistir la tentación y de la liberación del mal. Esta parte trata de la vida humana, que también le interesa a Dios. Se une lo material con lo espiritual, lo humano con lo divino, el cielo con la tierra. Se abraza así, la creación y el creador; se une lo sublime con lo ordinario, con lo de todos los días, como es el pan.

El pan en los tiempos bíblicos

Es el alimento principal en el Oriente. "Comer pan" es como decir "tomar la comida". Para los palestinos el pan tiene un significado místico y sagrado. Partir el pan es un momento solemne. Este no se corta, se parte. Jesús partía el pan y sus discípulos también. No lo cortaban, pues era sagrado.

Un tipo de pan era de trigo, que lo comían los más ricos. Otro era de cebada, de pobres: Este es el pan que el muchacho da a Jesús y lo multiplica (Juan 6.9).

Existía en forma de pequeños biscochos, también grandes y redondos y otro delgado como el papel. Este último era tipo hojaldre, redondo, como una tortilla. Se usa como los cubiertos occidentales, como cuchara, para cargar sopas y salsas. Se dobla porque es flexible y puede llevarse así en el bolso de viaje.

Se puede cocinar sobre piedras calientes (1 Reyes 19.6), o haciendo un pozo con fuego, se coloca la masa sobre las paredes;

también sobre un cántaro con agujeros o en hornos semi-públicos o públicos.

El pan

1 - **Es el símbolo del alimento humano, el alimento necesario y suficiente. Veamos que nos dicen estos textos:**
  Salmo 146.7

  Levítico 26.3-6

  Eclesiastés 9.7

El hombre depende de un trozo de pan, de un sorbo de agua. La vida depende de ellos. No podemos prescindir de la materia, el estómago tiene su derecho como lo tiene el corazón y la cabeza. Ocuparnos de obtener el pan es ocuparnos en nuestras necesidades que también le preocupan a Dios. La vida así queda asegurada.

2 - **Examinemos Probervios 30.7-9, un texto que habla del pan. ¿Qué incluirá pedir "sólo el pan necesario"? Debatan en el grupo.**

3 - Haga una lista de cosas que para usted son "pan necesario" y compare luego en grupo.

4 - Pensemos ahora: ¿Qué cosas de esta lista son "necesarias" y cuales son superfluas, prescindibles? ¿Cuales podemos borrar? Tache ahora estas cosas de su lista inicial.

Por lo general tenemos mucho más que el "pan necesario" y podemos agradecer por la generosidad de Dios y dar más de lo que damos.

Pedimos el pan

Pedir el pan es pedir las cosas simples y comunes que necesitamos para vivir. Nuestro Dios se ocupa también de lo sencillo, de lo de todos los días: alimento, cuerpo sano, buen tiempo, casa, hogar, esposa/o, hijos, buen gobierno y paz. No pide lujos, sino pan. Pide por la necesidad sencilla, lo sano, no por el lujo egoísta. La abundancia suele hacernos daño. Estoy pensado por ejemplo en los manjares abundantes que nos hacen agua la boca. Aparenta ser una comida apetecible, que nos comeremos todo con los ojos, deseable, pero la abundancia termina dañándonos el cuerpo, indigestándonos.

El pan de vida

Jesús se calificó como pan cuando dijo "Yo soy el pan de vida" (Juan 6.35). Les decía que era algo importante para ellos, imprescindible, vital para la existencia cotidiana. "El que a mi viene, nunca tendrá hambre" agrega Jesús. El se propone como la satisfacción total y permanente para el hombre.

Y podemos hacer varias comparaciones entre el "pan de cada día" y el "pan de vida". Por ejemplo:

- ✓ El pan sostiene la vida. Es esencial para vivir. Jesús también es vida abundante.
- ✓ El pan sostiene nuestro cuerpo, Jesús sostiene nuestro espíritu.
- ✓ El pan es cosa muerta, Jesús es cosa viva.
- ✓ El mana era para Israel, Jesús es para todos, sin distinción.
- ✓ El maná era suficiente para todos; Jesús es suficiente para el mundo.

El maná era el alimento proveido por Dios, que caía del cielo cuando el pueblo, huyendo de Egipto pasó por el desierto. Se puede leer Éxodo 16.4-5, 31. Era un regalo de Dios para que el pueblo no desfalleciera de hambre. Era blanca como semilla de cilantro y dulce como hojuelas con miel.

Jesús enseñó que "no sólo de pan vivirá el hombre, sino de toda palabra que sale de la boca de Dios." Afirmó ser el pan de vida, pero además agregó:

"El que a mí viene nunca pasará hambre..." (Juan 6.35)

5 - ¿Qué hambre satisface? ¿Lo ha experimentado usted? Comente.

6 - *Una oración de inspiración*.

Por favor, Señor...

¿Hasta cuándo Señor
tendré que esperarte?
La paciencia se me agota,
las canas aparecen.

El indiferente que no te oye
tiene todo lo que busca,
más yo que te sigo no lo encuentro.

¡Tú lo sabes muy bien!
Hasta ahora me observas.
¡No te quedes en silencio!
¡No me olvides! ¡Muévete!

Si te fallo, me arrepiento,
no quiero hacer el mal.
¡Respóndeme! ¡Revisa mi caso!
No me dejes para el último.

(C.A.P. Revista"Desafío" número 8, año 2, página 19)

7 - Aquí va nuestra propia oración.

6 El pan nuestro de cada día dánoslo hoy (2)

La comida proviene de Dios pero no nos exime de trabajar para obtenerla. Dependemos de Dios, pero debemos hacer nuestra parte: arar, sembrar, cosechar. La semilla brota por obra de Dios, el resto debemos hacerlo nosotros.

Es fácil ver la relación entre la provisión de Dios y nuestro esfuerzo en ese contexto, es decir, el labor de sembrar y cosechar.

¡Pero pocos de nosotros cultivamos la tierra! ¿Cómo aplicamos este principio si mi trabajo es sentarme en un escritorio con papeles, o soldar piezas en una fábrica?

1 - *¿Qué relación existe entre mi trabajo y la provisión de Dios en nuestro contexto moderno? ¿Qué opina usted?*

2 - **Notemos la advertencias de Proverbios 20.13 y 28.19. En pocas palabras, que dicen estos Proverbios?**

3 - Y además, ¿cuál es la advertencia de Pablo en 2 Tesalonicenses 3.10?

Sin embargo, hay muchas personas que viven absorbidas por su trabajo. Trabajan horas extras, casi no ven a sus familias. Viven agotados.
4 - ¿Es nuestra experiencia así, o conocemos alguien que vive así?

¿Qué consejo podemos darle.

¿Cómo aplicamos "el pan nuestro de cada día dánoslo hoy" en este caso?

5 - Y qué hacer cuando no hay trabajo? ¿Qué les decimos a los desocupados frente a este tema? Formulemos propuestas.

Nuestro

Rezamos por el pan "nuestro", no por el pan "mío". Es el pan para todos, comunitario. Así como Dios es "nuestro", el pan también lo es. La satisfacción del hambre debe ser para todos. El otro cuenta en esta oración. Comer es un acto comunitario y un rito de comunión. No se come feliz viendo la miseria de los otros. Cuando se reparte hay comunión y así trae felicidad y sacia el hambre humana. Orar en plural nos ayuda a luchar con nuestro egoísmo y pensar en el pan de los otros.

El pan que llega a nuestra mesa es fruto del trabajo de muchas manos. Muchos se han cansado para ofrecérnoslo caliente y fresco. Dice Boff "el pan que se produce en compañía hay que repartirlo en compañía y consumirlo en compañía". "La necesidad de pan nos iguala a todos, la satisfacción colectiva nos hermana" (7) . El pan, para que sea nuestro, no debe obtenerse a costa del pan sacado a otro. Boff dice que "el pan nos está convocando a la conversión colectiva, condición necesaria para que nuestra oración no sea vacía y farisaica" (8).

6 - Note el consejo de Proverbios 22.9. ¿Será esta la respuesta a la pregunta 5? ¿Qué opina?

Dios nos da el pan, nos da de comer. Así que dependemos de Dios y le agradecemos. Dios nos provee el trabajo, el buen tiempo, las lluvias oportunas, el crecimiento de las semillas y las fuerzas para cosecharlas.

Pedimos el pan porque a muchos les falta. Están desnutridos, mueren de hambre. Por el pan mío y por el de otros. Esto nos enseña a ser generosos y preocuparnos por los pobres y necesitados Nosotros podemos hacer hacer algo al respecto.

7 - Busque Isaías 58.7. *¿cómo debemos aplicarlo, personalmente y como iglesia?*

Pedimos por el pan necesario para cada día, para la existencia cotidiana, inmediata. Para satisfacer la necesidad del día que está siendo. Es para vivir un día por vez. Pero también puede entenderse que se pide por el pan de mañana, para el pan el día que viene.

8 - *¿Necesita el consejo de Mateo 6.25, o no? ¿Se aplica en nuestro caso? Comentemos.*

El pan nuestro, el pan de hoy. Simboliza el sostén de esta vida y la que viene. Es por esta razón que muchos pueblos lo tratan con respeto y veneración

Gracias a Dios por el pan que nos provee para cada día.

9 - Oración para inspirarnos.

ORACION PARA MUCHOS MOMENTOS

Señor, ayúdame a decir la verdad delante de los fuertes,
y a no decir mentiras para ganarme el aplauso
de los débiles.

Si me das fortuna, no me quites la felicidad;
si me das fuerza, no me quites la razón;
si me das éxito, no me quites la humildad;
si me das humildad, no me quites la dignidad.

Ayúdame a ver siempre el otro lado de la medalla.
No me dejes culpar de traición a los demás
cuando no piensan lo mismo que yo.

Enséñame a querer a la gente como a mí mismo,
y a juzgarme como a los demás.

No me dejes caer en el orgullo del triunfo
ni en la desesperación del fracaso.
Recuérdame, más bien, que el fracaso
es la experiencia que precede al triunfo.

Convénceme de que perdonar
es lo más grande que tiene el fuerte,
y que la venganza es la señal primitiva del débil.

Si me quitas lo que tengo, déjame la esperanza;
si me quitas el éxito, déjame la fuerza
para triunfar de la dificultad.

Si yo ofendo a alguien, dame valor para pedir disculpas;
si alguien me ofende a mí, dame valor para disculpar.
Señor, si yo me olvido de ti,
Tú nunca te olvides de mí.

Tomado del "El Sofar", Noviembre1992, Villa María.

10 - Ahora sí, a trabajar nosotros en nuestra propia oración.

7
Vivir más sencillamente, más simplemente

Este capítulo es una continuación del anterior. Conviene que sigamos pensando, profundizando lo que implica pedir por el pan nuestro de cada día.

Propongo que nos conviene vivir más sencillamente, más simplemente. No complicarnos la vida. Simplezas, simplificar.

Richard Foster en su libro "Alabanza a la disciplina", nos enseña sobre la sencillez, algunos conceptos que tomamos prestados y los hacemos nuestros:

Dice que la sencillez es libertad y nos trae gozo y equilibrio. La disciplina cristiana de la sencillez es una realidad interna que da como resultado un estilo de vida externo.

Esto ocurre cuando nuestros bienes llegan a estar disponibles para los demás. Cuando dejamos de estar adheridos a las cosas y podemos desprendernos de nuestros bienes y compartirlos con generosidad con otros. El autor nos dice que se puede vivir de otro modo, que esta visión puede ser recapturada y tiene que serlo. Crear experimentos con nuevas alternativas osadas que traigan modos de vida nuevos y más humanos, ante un mercado que cotiza al hombre según lo que tiene o produce.

1 - ¿Es realmente posible vivir una vida así, o es aspirar a un sueño utópico? ¿Qué les parece?

La Biblia nos advierte de no poner nuestro corazón en las riquezas (Salmo 62.10); pues el que confía en ellas, caerá (Proberbios 11.28). Jesús condenó a las riquezas como a un rival de Dios, no se puede servir a dos señores (Lucas 16.13). Recomendó no hacer tesoros en la tierra (Mateo 6.19) sino en el cielo. Hebreos 13.5 nos aconseja tener costumbres sin avaricia, contentos con lo que tenemos ahora. Y se enumera a la avaricia junto con el adulterio y el robo como impedimentos para entrar en el reino de Dios. En 1 Timoteo 6.17-18 Pablo nos anima a no confiar en las riquezas, sino compartirlas generosamente con los demás.

2 - *Pensemos en qué tenemos y qué podemos compartir con otros. Hacer una lista de cosas a compartir sería un buen ejercicio y ya un gesto, un ejercicio de desprendimiento.*

La sencillez busca colocar las posesiones en la perspectiva apropiada; buscando contentamiento tanto en la humillación como en la abundancia (Filipenses 4.11 y 12). Dios nos permite disfrutar de nuestras posesiones sin destruirnos.

Esta disciplina desafía los intereses que tenemos invertidos en el estilo de vida opulento. Jesús nos propone "no afanarnos" y buscar primero el Reino de Dios (Mateo 6.25).

Somos libres de los afanes cuando entendemos que:

1) todo lo que tenemos viene de Dios y no de nuestros esfuerzos personales.
2) También el cuidado de lo que tenemos viene de Dios. El protege lo que poseemos y podemos confiar en él.
3) Que nuestros bienes estén a disposición de otros es una actitud interna de la sencillez.

Foster ahora nos sugiere algunas recomendaciones para vivir con sencillez, evalúen cada una de ellas y consideren si son aplicables a nosotros y si podremos llevarlas a cabo o son un sueño:

1 - Compra cosas útiles y no para impresionar a otros. Suspende la moda, compra lo necesario.
2 - Rechaza lo que te produzca dependencia, adicción. Ya sea una bebida o el T.V. La sencillez es libertad, no esclavitud.
3 - Desarrolla el hábito de regalar cosas. Reduce la acumulación de bienes, pues como no son necesarios, nos complican la vida.
4 - No compres artefactos superfluos por la propaganda y en cuotas (éstas esclavisan). Cuida la tierra, cuida el ambiente en que vives. Es creación de Dios.
5 - Disfruta de las cosas sin poseerlas, goza de la buena creación de Dios. Disfruta del río, los parques y de las bibliotecas. No hace falta que sean nuestras.
6 - Habla con lenguaje sencillo y sincero. Evita la lisonja (los halagos, la alabanza, la adulación a otros) y las verdades a medias. Habla con sinceridad y con integridad.
7 - No oprimas a otros y no compres productos fruto de la opresión.
8 - Busquemos primero el Reino de Dios y su justicia y todo lo demás vendrá por añadidura.

3 - *Elijamos una de todas, para llevar a la práctica en esta semana. ¿Cuál eligimos? ¿Por qué?*

Un voto de sencillez

En el libro "Sexo, dinero y poder" el mismo autor recién citado nos dice que los seguidores de Jesús somos llamados a hacer un voto de sencillez.

Esto tiene que ver con el estar contentos con lo que tenemos, con el vivir sin ostentamiento, agradecidos por las provisiones de Dios, usando el dinero sin abusar de el. No debemos aferrarnos a las cosas, sino poseer sin ser poseídos. Sencillez equivale a disponibilidad, a tener tiempo para los otros. Significa dar alegre y generosamente.

4 - *¿Cómo estamos de disponibles para otros cuando llegan a buscarnos?*

5 - *¿Somos capaces de suspender nuestras actividades para otorgar un tiempo a las visitas? Compartamos.*

Sobre el dar

Debemos dar con alegría y corazón generoso nuestro diezmo para empezar. Debemos dar sin controlar a otros, sin manejar, sin influir, sin buscar poder. Debemos también darnos a nosotros mismos (2 Corintios 8.5).

Amar al dinero conduce a la codicia, ésta a la venganza y ésta a la violencia. Usarlo bien nos conduce a la generosidad y al shalóm. Y la sencillez va por este camino. Amar la sencillez, de eso se trata.

Un estilo de vida sencillo

Por su parte, Tomás Banzhaf en la revista Certeza nos propone:

1 - Poner límites a nuestras necesidades y no excedernos con ellas.

2 - La codicia o sea el deseo desenfrenado, desproporcionado, es condenado en la Biblia.
3 - No sobreexplotar la tierra, dejando algo para el extranjero y la viuda (Deuteronomio 24.19 y 22). Dejar descansar la tierra, cuidar los recursos.
4 - Sencillez, violencia y comunidad. Contentos con lo indispensable, paz con los otros y compartir los bienes.

6 - *Nuevos desafíos, nuevas propuestas. Consideren cada una de ellas y elijan algo para llevar a cabo. ¿Cuál? ¿Por qué?*

René Padilla escribiendo en la Revista Certeza un artículo "Vivir o Tener", dice: "Las riquezas encierran peligro. La vida del hombre no depende de las muchas cosas que tenga. No debemos absolutizar las riquezas para que no ocupen el lugar de Dios. No debemos vivir como si vivir fuera tener. Debemos recordar que la vida es frágil y la muerte, inevitable." Se nos propone "tener para vivir" y hacernos ricos en buenas obras.

Existe también un documento en la Revista Misión del año 1982 llamado "Compromiso Evangélico con un estilo de vida sencillo" en el que se nos anima a vivir con menos y dar más. Renunciar al desperdicio, oponernos a la extravagancia. Se cita a 1 Timoteo 6.18 que nos anima a ser ricos en buenas obras, dadivosos, generosos.

7 - *Tengamos un tiempo para orar por esto. Para que dejen de ser lindas palabras y puedan transformarse en acciones concretas, en hechos que mejoren las vidas de otros y la nuestra.*

8 - *¿A qué conclusión nos lleva el planteo de este capítulo? ¿Estamos de acuerdo? ¿Nos incomoda?*

9 - *Algunas frases sobre la oración.*

Agustín de Hipona (354-430)
"Haz lo que puedas y luego ora para que Dios de dél poder para hacer lo que no puedes."

C. S. Lewis (1898-1963)
"Si Dios me hubiera concedido todas mis peticiones necias que ha hecho en mi vida, ¿qué hubiera sido de mí?"

Samuel Chadwick (1860-1932)
"la única preocupación del diablo es evitar que los santos oren. Nada teme al estudio carente de oración, al trabajo carente de oración, a la religión carente de oración. Se ríe de nuestro afán. Se burla de nuestra sabiduría, más tiembla cuando oramos."

(Apuntes Pastorales Vol.XXI, número 3, página 54)

Conclusión
Terminamos con una frase que nos pega duro. Dijo San Basilio Magno, que murió en 379 D.C. : Al hambriento le pertenece el pan que se estropea en tu casa. Al descalzo le pertenece el zapato que cría moho debajo de tu cama. Al desnudo le pertenecen los vestidos apolillándose en tus baules. Al miserable le pertenece el dinero que se deprecia en tus cofres."

10 - *Trabajemos ahora creando nuestra propia oración, que sea única y que forme parte de nuestra colección.*

8 Perdónanos nuestras deudas

"Perdónanos nuestras deudas..." ¿Deudas? ¿Debemos algo? ¿A quién? La versión de esta oración en Lucas dice "Perdónanos nuestros *pecados...*"

1 - ¿Es lo mismo? ¿cómo entendemos la expresión "Perdónos nuestras deudas..."?

2 - Específicamente, ¿Qué le debemos a Dios?

En realidad, tenemos más de una deuda.

3 - Por ejemplo,
    ¿de qué deuda habla Pablo en Romanos 15.27?

¿Qué debemos según Romanos 8.12? (Veámoslo en la Reina Valera)

El salmista nos da una ejemplo de qué debe ser nuestra actitud hacia esa "deuda" que tenemos con Dios.
4 - ¿Qué ejemplo nos ofrece Salmo 51.3, 4 y Salmo 25.18?

Pero a la vez debemos reconocer que otra deuda es la culpa que surge de la ofensa y del pecado hacia otros. Nuestros pecados son nuestras deudas. Surge del ofender a mis semejantes con palabras duras, con relaciones poco amables, con oídos sordos, con el pasar de largo ante el dolor humano. Rompemos la fraternidad con nuestras injusticias cometidas. Ofendemos al hermano y a Dios, por eso pedimos perdón.

...así como nosotros perdonamos
Es por esta razón que Jesús dijo "Perdónanos nuestras deudas *así como nosotros perdonamos.*"
5 - Específicamente, ¿qué debemos perdonar?

Más de una vez hemos oído la expresión: "Sí, puedo perdonar, pero ¡nunca voy a olvidar!

5 - ¿Es correcta esa actitud? Expliquemos.

Jesús explicó este tema con la parábola de Mateo 18.23-35.

7 - ¿Qué promesa y qué advertencia encontramos en esta parábola?

Nos rodean situaciones difíciles, a veces *muy* difíciles, donde la palabra "perdón" parece fuera de lugar. El padre que abusa a su hija, el empleado que estafa a su empresa, el esposo que abondona a su familia.

8 - Sin embargo, ¿cómo debe ser nuestra actitud en semejantes casos según Lucas 6.36 y Colosenses 3.13?

Esta petición del Padrenuestro tiene una dimensión social. Pedimos perdón para resestablecer lazos rotos, para reconciliarnos y vivir según el Reino. de Dios.

Pero, como ya hemos visto, pedimos perdón porque así es la voluntad de Dios.

9 - *¿Qué razones para pedir perdón encontramos en los siguientes pasajes?*
Romanos 12.18, 19

Romanos 13.8

Filipenses 4.9

1 Juan 4.20, 21

Dios es ante todo el Dios de los pecadores y el Mesías es el libertador de nuestras deudas y el aliviador de nuestras conciencias. Necesitamos abrirnos al perdón. Pedir perdón para que Dios perdone. Y el amor lo perdona todo (1 Corintios. 13.4 y 5), pues es más fuerte que el pecado.

10 - Terminamos con un tiempo de oración, confesando nuestros pecados y otogando perdón, teniendo la certeza de que Dios es justo y fiel para perdonarnos y librarnos de toda maldad.

11 - *Oración para inspirarnos para escribir.*

> Esta tarde te pido, Señor, que me libres de una vez para siempre de mi ansia de parecer.
> Perdóname porque estoy demasiado preocupado

por la impresión que causo,
  por el efecto que produzco,
  de lo que se piensa y se dice de mí.
Perdóname
  por querer parecerme a los demás olvidando ser yo mismo,
  por tener envidia de sus cualidades olvidando desarrollar
    las mías.
Perdónamme
  por el tiempo perdido en representar mi personaje
  y por el tiempo perdido en construir mi persona.
Concédeme, en cambio, que muera el extranjero que había en mi
    para que por fin pueda nacer a mí mismo,
  porque nunca conocería mi casa si rehuso a salir de ella, no me
    encontraría se rehuso a perderme.
Concédeme también estar totalmente abierto a mis hermanos.
Entonces podrás, Señor, por medio de ellos, venir a mi casa como
    a casa de un amigo.
Y harás de mi esa "persona" que tú sueñas en tu amor,
  porque será tu hijo, Padre,
  y un hermano para mis hermanos.

(Tomado de "Cita con Jesucristo". M. Quoist, Editorial Síguemen, 1977, página 51.)

12 - *Ahora nos toca a nosotros escribir nuestra propia oración.*

9
Y no nos dejes caer en la tentación

Las peticiones van creciendo en intensidad hasta desembocar en este grito de angustia. Es que estamos rodeados por tentaciones... es imposible eludirlas. Aun los monjes que huían al desierto para escapar de ellas tuvieron que enfrentarlas en sus propias imaginaciones.

Dos tendencias

Somos carne y somos espíritu viviendo en tensión entre el cielo y la tierra. Sabemos que sólo el espíritu da vida (Juan 6.63 y Romanos 8.6) pero hay algo dentro de nosotros que nos empuja hacia la muerte. Dos tendencias en un mismo hombre: cielo y tierra, vida y muerte. Dos tendencias en direcciones opuestas, en conflicto, que no nos dejan hacer lo que queremos.

1 - ¿Cómo define Pablo el problema en Romanos 7.21-24?

2 - ¿Como lo define en Gálatas 5.17?

Aunque es imposible evitar la tentación, sí es posible no caer en ella. Porque la tentación en sí no es el problema, sino como la enfrentamos.

3 - ¿De qué manera podemos manejar mal la tentación según Santiago 1.13-15?

En este pasaje de Santiago vemos que la tentación no viene de Dios sino que es algo estimulado por nuestros propios malos deseos. Algo de afuera la estimula, pero la distorsión que vivimos adentro la estimula. Pero existe otro problema.

...más líbranos del mal...

La palabra "mal" aquí puede referir a la maldad, pero aquí es más aceptable su otra aceptación, el "maligno". Es la misma palabra que encontramos en Mateo 13.19.

4 - ¿Cómo describen los siguientes pasajes a nuestra relación con el "maligno"?

1 Pedro 5.8

Efesios 6.12

Tal como Satanás intentó hacer caer al Señor en tentación, también lo intenta con nosotros. ¿Qué hacemos, entonces, frente al tentador? Tenemos tres escudos, tres ayudas para no caer.

5 - Encontramos la primera ayuda en Gálatas 6.2; Romanos 15.1; Filipenses 2.4. ¿Cómo lo aplicamos?

El segundo escudo es algo que se repite en los sigientes pasajes: 1 Corintios 6.10; 10.14; 1 Timoteo 6.11; 2 Timoteo 2.22.

6 - Dé ejemplos prácticos acerca de como debemos lograr esto.

Y el tercer escudo —el más importante— encontramos en Hebreos 2.18.

7 - ¿Cuáles son las implicaciones de este versículo para nuestra lucha contra la tentación?

Pero en esta vida la batalla continúa.

El maligno nos trae mentiras, odios, enfermedades y muerte. El pedido es que Dios nos libre de este ser calumniador; del cautiverio y de la opresión que el adversario nos trae.

Por su parte, Jesús nos da ánimo, nos dice que ha vencido (Juan 16.33) y venceremos con él. Pero hemos de estar vigilantes y perseverar hasta el final (Marcos 13.13).

Dios nos protege de los peligros, libra de las emboscadas, señala siempre la dirección justa. "Librar"; aparece esta palabra en un contexto de marcha, habla de camino de realización o de frustración del proyecto humano. Cada generación tiene su maligno, contra él debe protegerse, suplicando el amparo divino.

Amén.
Decir amen es poder confiar y estar seguros de que todo se encuentra en las manos del padre; es haber superado ya la desconfianza y el miedo, a pesar de todo.

8 - Últimas frases sobre la oración, tomadas de apuntes Pastorales, vol XXI, número 1, página 54.

Francisco de Sales (1567-1622)
"Todo cristiano necesita media hora de oración al día, excepto cuando está ocupado: en este caso necesita una hora."

E. M. Bounds
"Las posibilidades de la oración son las posibilidades de la fe. La oración y la fe son gemelos siameses. Las dos están unidas por un solo corazón. La fe siempre ora. La oración siempre cree."

Thomas a Kempis (1380-1471)
"El hombre de Dios debe estar más a gusto en su lugar de oracion que ante el público."

Arthur Hertzberg
"Orar es un acto de osadía. De lo contrario, sería imposible orar. Cuando uno imagina la grandeza del Creador, ¿de qué otra forma podría uno presentarse ante él para orar?"

Henri Nouwen
"Existen tantas formas de orar como momentos en la vida. Algunas veces buscamos un lugar tranquilo y queremos estar a solas. En otras buscamos a un amigo y queremos estar acompañados. En algunas ocasiones preferimos un libro, en otras la música. Algunas veces queremos, junto a multitudes, prorrumpir en cánticos, en otras susurrar con unos pocos. Algunas veces queremos expresarlo con palabras, en otras con un silencio profundo."

9 - **Última oracion creada por nosotros.** Animémonos a continuar con esta práctica. Llevemos un registro de nuestra vida espiritual, de nuestras luchas, caídas y avances. Es una buena herencia que podemos dejar.

Conclusión

Deseo que el estudio le haya sido de provecho. Que podamos de aquí en más orar el Padre Nuestro teniendo una comprensión mayor de lo que decimos. Para pasar de ser loros repitiendo sin sentido, a orantes pensantes.

Nos gustaría conocer a dónde llegan nuestros estudios y con qué resultados son utilizados.

Lo invitamos a escribirnos sus comentarios y sugerencias sobre este material a:

Carlos Peirone
H. Irigoyen 623
2550 Bell Ville, Córdoba
Argentina
carlospeirone2002@yahoo.com.ar

Referencias

(1) Boff, Leonardo. El Padre Nuestro, Ediciones Paulinas, 1986, pág. 14.
(2) Boff, Leonardo. Op.cit.
(3) Boff, obra citada pag.78.
(4) L.Boff, obra citada, pág.82.
(5) Barclay, William, La Aurora/Abap. 1985, pág.77.
(El libro consultado es "Elpadrenuestro", Editorial La Aurora.)
(6) L.Boff, obra citada, pág.92.
(7) Boff, obra citada, pág.103.
(8) Boff, obra citada, pág.104.
(9) Loyola, Ignacio, "Orar es luchar con Dios", página 146.
(10) Bozaf, Tomás, Revista Certeza, "Teología de la suficiencia".

Bibliografía Consultada

- Boff, Leonardo. "El Padre Nuestro", Ediciones. Paulinas, 1986.
- Barclay, William. El Padre Nuestro, Editorial. La Aurora/Abap, 1985.
- Stott, John, "Contracultura Cristiana", Ediciones Certeza, 1978, pág. 161 y ss.
- Mattew, Henry, "Comentario Bíblico", Editorial Clie.
- Foster, Richard, "Alabanza a la disciplina", 1986, página 91 y ss. Editorial Betania.
- Foster, Richard, "Sexo, dinero y poder", página 61 y ss.
- Revista Certeza, Tomás Bonzhaf, "Teología de la suficiencia".
- Revista Misión 48, página 19.
- Revista Misión 1982, documento.
- Zandrino, Miguel Ángel, "Compromiso Cristiano", número 27, página 31.
- Revista "Desafío" número 8, página 19.
- "Apuntes Pastorales" VolXXI, página 54.
- Quoist, Michel, "Cita con Jesucristo", Editorial Sígueme, 1977, página 51.

Cómo utilizar este cuaderno

Este cuaderno es una guía de estudio, es decir que su propósito es guiarle a usted para que haga su propio estudio del tema o libro de la Biblia que desarrolla este material.

El cuaderno propone un diálogo. En él introducimos el tema, sugerimos cómo proceder con la investigación, comentamos, pero también preguntamos. Los espacios en blanco después de las preguntas son para que usted anote sus respuestas.

Esperamos que por medio del diálogo le ayudemos a forjar su propia comprensión del tema. No de segunda mano, como cuando se escucha un sermón, sino como fruto de su propia lectura e investigación.

¿Cómo hacer el estudio?

1 - Antes de comenzar, ore. Pida ayuda a Dios para que le hable y le dé comprensión durante su estudio.
2 - Debe leer los pasajes bíblicos más de una vez y preguntarse: ¿Qué dice el autor? Aunque muchos utilizan la "Versión Reina-Valera" de la Biblia, conviene tener otra versión, o versiones, disponible para comparar los pasajes. La "Versión Popular" y la "Nueva Versión Internacional" le pueden ayudar a ver el pasaje con más claridad.
3 - Siga con la lectura de la lección. Responda lo mejor que pueda a las preguntas.
4 - Evite la tendencia de apurarse para terminar. Es mejor avanzar lentamente, pensando, preguntando, aclarando.

En grupo

El estudio personal es de mucho valor pero se multiplican los beneficios si lo acompaña con el estudio en grupo. Un grupo de hasta ocho personas es lo ideal. Pero puede ser que, por diferentes motivos, el grupo esté formado por usted y una persona más; aun así, es mejor que estudiar solo.

En realidad, estos cuadernos han sido diseñados con el motivo siguiente: estimular el estudio en células, en grupos pequeños.

La manera de hacerlo es fácil:

1 - Haga en forma personal una de las lecciones del cuaderno. Aun cuando pueda haber cosas que no entienda bien, haga el mayor esfuerzo posible para completar la lección.
2 - Luego reúnase con su grupo. En el grupo comparten entre todos las respuestas a cada pregunta. Puede ser que no tengan las mismas respuestas pero, comparando entre todos, las van aclarando y corrigiendo. En este compartir semanal de una hora y media, este diálogo entre todos, se encuentra la verdadera riqueza que nos provee esta forma de estudio.
3 - Evite salirse del tema. El tiempo es oro y lo más importante es enfocar todo el esfuerzo del grupo en el tema de la lección. Luego pueden dedicar tiempo para conocerse más y tener un rato social.
4 - Participe. Todos deben participar. La riqueza del trabajo en grupo es justamente eso.
5 - Escuche. Hay una tendencia a apurar nuestras propias opiniones sin permitir que el otro termine. Vamos a aprender de cada uno, aun de los que, según nuestra opinión, estén equivocados.
6 - No domine la discusión. Puede ser que usted tenga todas las respuestas correctas, sin embargo es importante dar lugar a todos y estimular a los tímidos a participar. No se trata de sobresalir, sino de compartir aprendiendo juntos.

Si en el grupo no hay una persona con experiencia para coordinarlo, se puede encontrar ayuda para dirigir un grupo en los siguientes lugares:

1 - Nuestra página web: www.edicionescc.com. La sección "Capacitación" ofrece una explicación breve del método de estudio.
2 - Las últimas páginas de nuestro catálogo ofrecen también una orientación.

3 - El cuaderno titulado "Células y otros grupos pequeños" es un curso de capacitación para los que desean aprender a coordinar un grupo.
4 - Algunas guías disponen de un cuaderno de sugerencias para el coordinador del grupo.

Finalmente diremos que las guías no contienen respuestas a las preguntas, ya que el cuaderno es exactamente eso: una guía, una ayuda para estimular su propio pensamiento, no un comentario ni un sermón. Le marcamos el camino, pero usted lo tiene que seguir.

Que el Señor lo acompañe en esta tarea y, si necesita ayuda, comuníquese con nosotros. Estamos para servirle.

www.ingramcontent.com/pod-product-compliance
Lightning Source LLC
Chambersburg PA
CBHW060724030426
42337CB00017B/2997